Total tierisch

Limericks und lustige Verse

illustriert von Gisela Laue,
Rudi Opper und Karl-Heinz Otten

von Hans-Jürgen Sträter

Inhalt

Vorwort

Diesmal ist es ein vierblätteriges Glückskleeblatt, das euch zum Schmunzeln bringen möchte ...

Als ich Rudi Opper unsere Bücher "Limericks - einfach menschlich" vorstellte, war er so begeistert, dass er sich gerne beteiligen wollte. Spontan machte er den Vorschlag Verse und Limericks mit Tieren zu verfassen.

Mit viel Spass und Freude haben wir uns dann zeichnend und schreibend auf eine Reise durch die Tier-Welt begeben. Diese Freude möchten wir nun gerne mit allen Lesern teilen ...

Juni 2023, das vierblättrige Glückskleeblatt

Blumenhund

Es war einmal ein Hund,
der trug immer eine Blume im Mund.
Wir wissen uns keinen Rat,
warum er so was tat. -
nur er kennt wohl den Grund ...

LO

Walphysik

Es sprach ein alter, weiser Wal,
wir sind der Menschheit ganz egal.
wichtiger sind ihr Quanten- und Astrophysik,
das gibt einen besonderen Kick, -
die Welt zu retten, verschiebt sie wieder Mal ...

LO

Der Hahn

Ein Hahn ist neidisch auf die Hennen,
weil nur sie Eier legen können.
Jetzt schreit er schon von früh bis spät, -
wer Eier legt, ist einfach blöd ...

Rudi

12

Reisefrust

Eine kleine Waldameise
ging alleine auf die Reise.
Doch vor einer großen Mauer
wurde sie dann plötzlich schlauer, -
kehrte wieder um - ganz leise ...
HJS

Rüsseltraum

Flips, der kleine Nasenbär
mochte Elefanten sehr,
Hätte auch gern einen Rüssel,
fuhr deshalb sogar nach Brüssel, -
Subventionen gab's nicht mehr ...

HJS

Der Elefant

Jumbo war von Anfang an
ein Elefant, der Singen kann.

Vor seiner Höhle ganz allein
saß pfeifend Hans, das Warzenschwein

Dem Regenwurm von alters her -
fiel Singen und das Pfeifen schwer. ...

Rudi

Eselfreude

Mancher Esel bleibt stets stur,
kommt so niemals aus der Spur.
Du kannst ziehen oder drücken,
er lässt sich durch nichts verrücken, -
doch sein Herz - das lächelt nur ...

HJS

Geiereier

Da war ein großer Geier,
der spielte auf der Leier.
Das Publikum das johlte,
bis einer den anderen versohlte, -
dann flogen faule Eier ...
LO

Giraffensprung

Es sagte eine Giraffe:
wetten, dass ich's schaffe
über einen Zaun zu springen,
das wird mir sofort gelingen, -
ätsch.....besser als ein Affe ...

LO

Der Bismarckhering

Ein Hering schwamm hinaus aufs Meer.
Das liebt er mehr als Dosen.

In Dosen fällt es mächtig schwer,
nicht ständig anzustoßen.

Selbst Bismarck hasste Dosen sehr,
er wollte dort nicht leben.

Dem Hering ließ man keine Wahl, -
er musste sich ergeben ...

Rudi

Heiße Robbe

Es liegt 'ne Robbe auf dem Eis
und dabei wird ihr richtig heiß.
Der Klimawandel ist der Grund.
Nun wird's der Robbe auch zu bunt, -
die Arktis zahlt den höchsten Preis ...

LO

Hahnenstolz

Ein Hahn über den Hof stolziert,
er würde so gern' von allen hofiert.
Das ist den Hühnern einerlei,
sie wollen legen nur ein Ei. -
Dass der das einfach nie kapiert ...!

LO

Der Hase und das Huhn

Ein Hase saß vor einem Huhn,
er wollt mit ihm nicht streiten.

Doch jeder wusste längst Bescheid,
es ging um alte Zeiten

Man fragte sich wer besser war,
im Legen bunter Eier.

Heut stehen sie vorm Traualtar -
und ihrer Hochzeitsfeier ...

Rudi

GehEULE

Es hörte eine weise Eule
ein ständig weinendes Geheule.
Es nervte sie zwar ungemein,
doch ungerecht wollt' sie nicht sein, -
sie nahm ein Tuch... und nicht die Keule ...

LO

IgelGans

Es war mal eine Gans,
die wollte gern zum Tanz.
Sie schaut' in einen Spiegel
und sieht sich dort als Igel, -
vorbei ist jetzt der große Glanz ...

LO

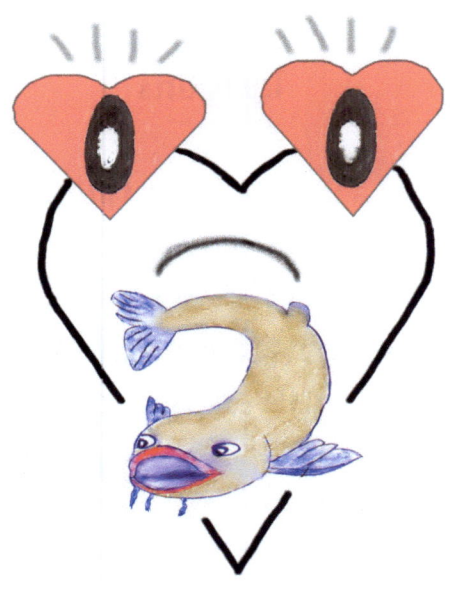

Kabeljau scannen

Auf dem Fischmarkt beim Kabeljau scannen
lernte sie ihre große Liebe kennen.
Doch auch diese war nicht von Dauer
und das machte sie ziemlich sauer.
Wie so immer war ihr Fluch, -
dieser verdammte Fischgeruch ...

LO

Nordsee-Krokodil

Fröhlich schwamm ein Kokodil
durch den großen, warmen Nil.
Die Orientierung hat's verloren,
jetzt schwimmt es halb erfroren -
in einem Nordseepriel ...
LO

Reisefuchs

Es gab da einen Fuchs,
der war schlauer als ein Luchs.
Er reiste in die Ferne,
das machte er wirklich gerne, -
vergaß dort aber seine Bux ...
LO

Orang Utan

Orang Utan Wald-MENSCH bedeutet,
Homo sapiens seinen Lebensraum ausbeutet
Die Lebensgrundlage ist zerstört,
was den Orang sehr empört, -
sein Ende ist eingeläutet ...

LO

Der Hase und der Igel

Kennst du all die Hasen,
die schüchtern mit den Nasen

an Blumen riechen,
die sich gern verkriechen.

Bis einst ein Igel kam vorbei, -
da gab's ne böse Piekserei ...

Rudi

Schläflein

Treu und friedlich ist ein Schaf,
meistens sanft und ganz brav.
Lässt sich von dem guten Hirten
gerne führen und bewirten, -
sündigt nur wie wir im Schlaf ...
HJS

Schlangenkuss

Eine große, mächtige Schlange
küsst den Menschen auf die Wange.
Ob die sich jetzt wohl vertragen?
Dazu kann man nicht viel sagen, -
denn dafür sind sie zu bange ...

LO

Die ausgestorbenen Tiere

Manche sind längst ausgestorben
und kommen niemals wieder.

Wo sind sie denn bloß hingegangen?
Ich knie mich betend nieder.

Ein Tiger hieß einst Sumatra,
ein Alligator China.

Ein Orang-Utan Sansibar -
und meine Freundin Tina ...

Rudi

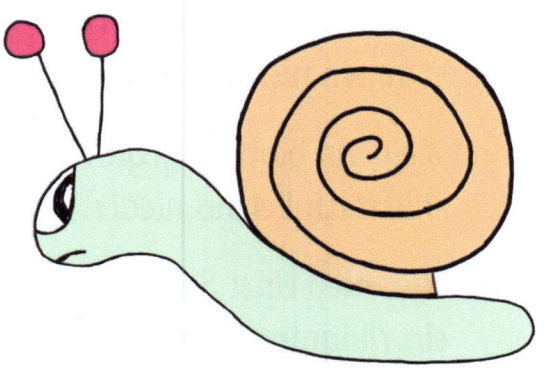

Schnecke

Es war mal eine Schnecke,
sie lebte in der Hecke.
Dann kam sie ins Haus,
oh welch ein Graus, -
versteckt' sich in der Ecke ...

Mara

Survival of the Fitest

Es sitzt an einer Ruderpinne
eine große, prächt' ge Spinne,
die Segel setzt mit steigendem Winde,
auf das den richt' gen Kurs sie finde, -
damit das Lebensrennen sie gewinne ...

LO

Tapir

Es war einmal ein Tapir,
der möchte gern nach Kaschmir,
doch da er lebt im Regenwald,
ist die Region ihm viel zu kalt, -
´drum bleibt er einfach hier ...

LO

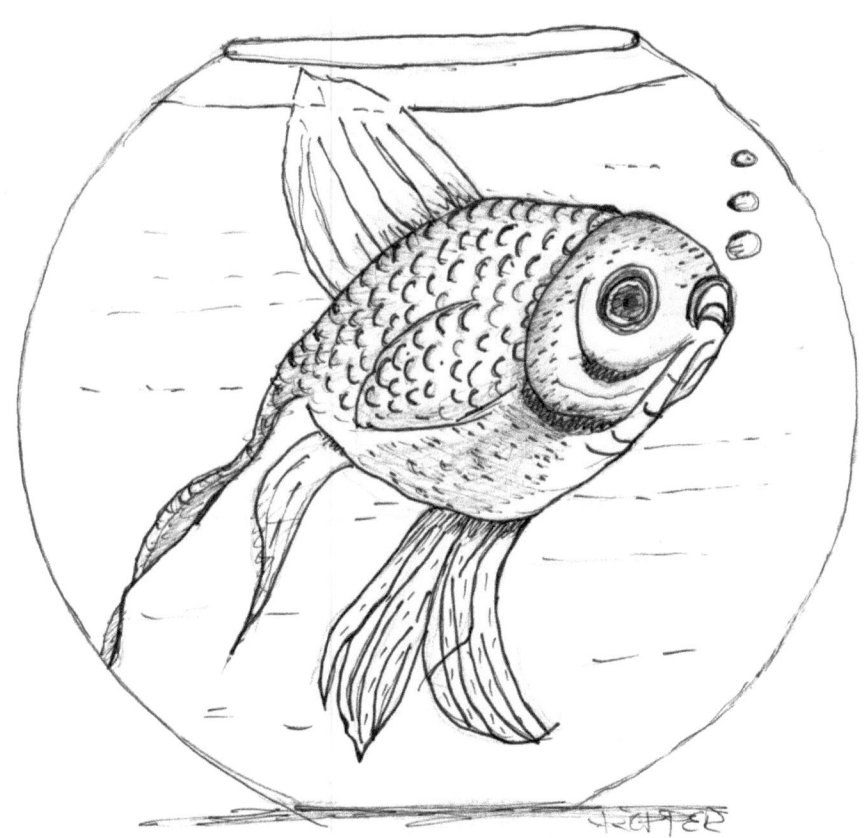

Der Goldfisch

In einem Glas gefüllt mit Wasser,
da schwimmt ein goldner Fisch.

Vom Schwimmen wird er immer nasser,
doch weiter kommt er nicht.

Er träumt vom See und seinen Freunden,
von Wellen und vom feinen Strand.

Stattdessen dreht er sich im Kreise, -
weil keiner seinen Schrei verstand ...

Rudi

Tückenflug

Ein Tier ist für uns voller Tücke,
es passt in jede kleinste Lücke.
Wenn wir einmal spazieren gehn'
und dieses Wesen fliegen sehn', -
ruft man sofort aus: "Mach' ne Mücke!"...

HJS

Unterm Regenschirm

Wolle an Wolle, ohne sich zu bewegen
warten zwei Schafe auf den Regen.
Am Abend schaut das eine kurz zurück
und sagt: „... wir hatten Glück, -
es blieb trocken - welch ein Segen ..."

LO

Verkorkste Vogelfreiheit

Paul, der grüne Papagei,
ist beim Schimpfen stets dabei,
ohne vorher nachzudenken,
meint, das kann man sich ja schenken, -
darum lässt man ihn nicht frei ...
HJS

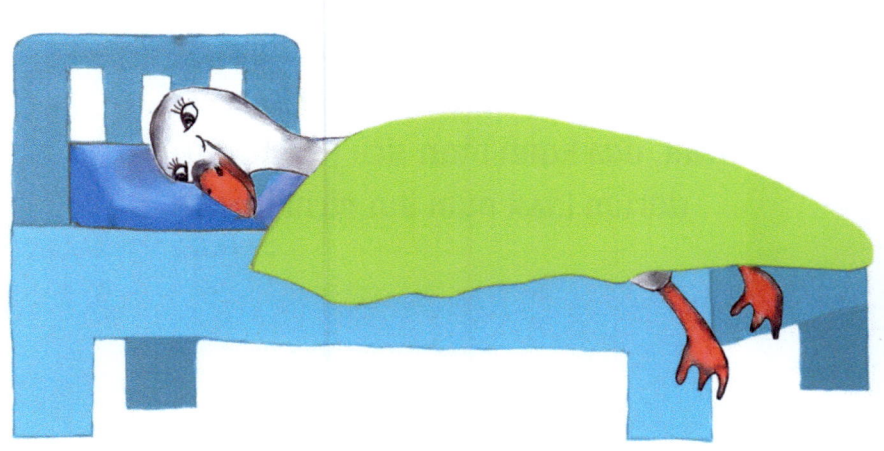

Verr-ENTE-t

Es watschelt eine Ente,
ganz fröhlich in die Rente.
Damit hat sie es eilig,
doch dann wird ihr langweilig, -
den Rest sie dann verpennte ...
LO

68

Zugvogel

Die Möwe Ulle von der Waterkant
steht startklar zum Flug am Nordseestrand,
mit langem Umhang und Fliegerkappe,
gerüstet für eine lange Reiseetappe.

Der Zug beginnt wie jedes Jahr
im Herbst, das ist ihm eigentlich klar.
Doch jetzt ist er etwas verwirrt, -
es ist noch Sommer - er hat sich geirrt ...

LO

Zebra und Schwein

Ein Zebra ist mit sich im Reinen,
denn Streifen machen schlank.

Ganz anders geht's den armen Schweinen, -
als Kot'lett landen sie im Schrank ...

Rudi

Zornige Biene

Sagt die zornige Biene: seht mich an,
damit ich euch etwas erklären kann.
Für euch Menschen sollen wir Blüten bestäuben,
ihr aber wollt uns mit Pestiziden betäuben, -
es muss sich was ändern, jetzt aber ran ...!!!

LO

Limericks – einfach menschlich von Hans-Jürgen Sträter
mit Illustrationen von Gisela Laue und Karl-Heinz Otten
ISBN: 9783756881567 – 72 Seiten - € 8,99

Limericks – einfach menschlich 2 von Hans-Jürgen Sträter
mit Illustrationen von Gisela Laue und Karl-Heinz Otten
ISBN: 9783757817572 – 52 Seiten - € 7,99

Impressum:

Total tierisch - Limericks und lustige Verse
illustriert von Gisela Laue und Karl-Heinz Otten (*LO*)
sowie Rudi Opper (*Rudi*)

von Hans-Jürgen Sträter

Herstellung und Verlag: BoD - Books on Demand, Norderstedt

ISBN: 9783752831207

Ausgabe Juni 2023

Weitere Bücher von Hans-Jürgen Sträter finden Sie hier: